꿈속의 꿈

이 도서의 국립중앙도서관 출판예정도서목록(CIP)은 서지정보유통지원시스템 홈페이지(http://seoji.nl.go.kr)와 국가자료공동목록시스템(http://www.nl.go.kr/kolisnet)에서 이용하실 수 있습니다.(CIP제어번호: CIP2019012936)

꿈속의 꿈

2019년 4월 20일 초판 1쇄 적음
2019년 4월 25일 초판 1쇄 펴냄

지은이 _ 류근삼
펴낸이 _ 나문석
편집디자인 _ 장상호

펴낸곳 _ 도서출판 두엄
등록번호 _ 제03-01-503호
주소 _ (41969) 대구광역시 중구 명륜로12길 21
대표전화 _ (053) 423-2214
전자우편 _ dueum@hanmail.net

ISBN 978-89-85645-76-8 03810

꿈 속의 꿈

류근삼 시집

도서출판 두엄

자서

훗날까지 회자되는 좋은 시 몇 편을 쓸 수가 있다면 좋겠지만 천하비재인지라 졸작들뿐입니다. 버리려니 아깝고 간작하려니 마음에 차지 않아 '계륵'을 연상하지만 경애하는 지인들이 살뜰히 골라준 덕에 한 권으로 묶어보았습니다.

어설프고 투박한 언어들이라 행여 웃음거리가 되지 않을는지 걱정입니다. 애정 어린 채찍질을 달게 받을 요량입니다.

기해년 봄날 상산시원에서

늘뫼 **류 근 삼**

차례

제1부

제2부

제3부

제4부

제1부

단양 쑥부쟁이

상주에서 보은 가는 버스를 타고
백두대간 화령을 구불구불 넘는데
쑥부쟁이 한 가족 옹기종기 모여
연보랏빛 서글픈 미소를 띄우네

탐욕의 무리들이 남한강을 짓이기며
유정한 산하를 제멋대로
죽입네 살립네 파 뒤집는 통에
군락을 이루던 단양 쑥부쟁이들이
얼결에 제 터전을 빼앗겨
어렵사리 피접을 왔는가

쑥부쟁이야, 우리네 단양 쑥부쟁이야
네 서글픈 미소에 무슨 말로 위로할까
억척같이 꼭 살아남거라
사람들의 오만이 가셔지거든
여리고 여린 서글픈 미소를 거두고
온 누리에 연보라 향기 그득 피우거라

회화나무

삼백 살을 훌쩍 넘기셨다는
회화나무께서 꽃을 피우시네
비바람에 찢기고 꺾인
만신창이의 노구老軀로
뒤늦은 팔월이 되어서야
은은한 색감의 꽃을 피우시네

늦은 봄날 오월이 되어서야
겨우겨우 움을 틔우시더니
어느새 푸른 잎으로 단장하시고
생기발랄 의젓해지셨습니다

풍찬노숙 태연자약
오랜 내공의 위엄이 깃들어
부엉이 한 마리 범접할 수 없는
어르신의 높은 기품을 보며
생명의 존엄을 깨닫습니다.
나이 들어

품격 있는 삶을 살 수 있도록
큰 가르침을 받습니다

하늘 냄새

아름드리 굴참나무들
빽빽이 발돋움하는
나긋한 가람봉 자락
멧돼지 가족들 중구난방
질탕하게 구불던 자리

다람쥐 알룩달룩 앙증맞게
도토리 한 알 보듬고
홀연히 숨어버린 적막강산
이토록 살뜰한 마당에

어물쩍 하늘이 퍼질러 앉아
싱그런 하늘 냄새 피워재낀다

어머니 찬가

세상에서
가장 진실한
하나님은

어머니다

우주상념宇宙想念

내 몸은 작은 우주라지
대우주 속 소우주라지
내 몸속에는
박테리아, 곰팡이, 바이러스
같은 생명체가
일백만이나 살고 있는
아름답고 살가운 작은 우주라지

뱃속 큰창자에만도
사천 종이 넘는 세균들이
자기 세상으로 살고 있으며
잇몸이나 이빨에도
천삼백 종의 세균들이
나름대로 번영을 누린다지

소우주는
광대무변 허공이고
일백조의 생명체가

부대낌 없이 삶을 영위하는
거창한 유기체라지

꿈속의 꿈

단잠 속 맛있는 꿈
잠을 깨어도 여상스럽지
들뜬 항구를 떠나
삼천리를 단박 내닫고
대륙 만리 누비는 여정
꿈속이라도 가슴 벅차네

이어진 산하 너무 좋아라
연기 풍풍 내뿜는 기관차가
솔개처럼 빨라
임진강을 후딱 건너
압록강을 와장창 지나네

꿈속에서 또 잠이 들었나
요동벌은 감개무량해
대황신* 유물 유적 쏟아져 나온
요하를 톺아 가다
조선 장수들 말굽소리에

후딱 꿈속 꿈을 깨었네

연기 아득한 철마는
솔개처럼 빨라
만 리 여로가 단숨이었네

*대종교에서 단군을 높여 부르는 말

자그마한 봉창

와룡산 기슭 고즈넉한 봉분
딸린 꼬부랭이 저것들 우짜꼬
섧은 울음도 뚝 그치셨다는
울어무이 무덤 가,
홀로되시어 한 갑자를 조히 더 사시다가
새파란 낭군님 찾아오셔서
부끄럼 없이 누워계시네

스산한 솔바람 소리
이따금 부엉이 우는소리
푸른 달빛 아름으로 쏟아져내려도
어무이 무덤 속은
적요한 어둠뿐이리

문득, 무덤 두리에
자그마한 봉창 하나 있으면
유현한 달빛 스미리
무덤 봉창에 아침햇살 퍼지면

조용히 일어나 앉으셔서
따스히 해바라기하시리

하현추억下弦追憶

꼭두새벽에
혁명가처럼 호젓이 걷다
하현을 보았네
속이 훤한 달님이
삶의 곤고함을
견디고 기다리라는 듯
여상스레 내려다보시네

정겹던 오솔길에서
젊은 가슴속으로
스며들던 달빛이여

알싸한 서러움으로
울먹이다 말다 하던
하현의 추억이지만
조신操身한 침묵이야 어쩌리

대마디

보호를 받던
아름드리나무가
태풍에 무너졌네

울 밖 대나무들은 끄떡없이 웅성거려
촘촘한 대마디들이
엄청난 기운이란 걸
비로소 깨달았네

돌이켜보면
회한하던 삶의 마디들이
새삼스러워 이윽히
지난날들 더듬어보네

아름다운 공생

자연을 눈여겨보면
벌과 나비가
꽃가루를 날라다 주고
꿀을 얻는
아름다운 공생의 세상이었네

동물의 왕국에서 보는
적자생존 약육강식
남을 잡아먹고 제거하고
경쟁에서 이기는 것만이
능사가 아니란 것을
겨우 깨달았다네

아름다운 공생의 세상을!

혈연와血緣窩

중국 조선족문학 우수 작품집에
혈연와란 제목의 수필을 읽으며
옛 고향집 추녀 밑에
가뭇없는 제비를 생각하네

부지런히 벌레를 잡아
새끼들 노랑부리에
살뜰히 먹여주는 지극정성
빨랫줄에 쌍쌍이 앉아
강남 이야기 조잘조잘
그리운 남국의 멋쟁이들

박 씨 한 알 물지 않아도
삼짇날 즈음 기별이 오면
양지바른 언덕바지에
삼간초옥 추녀를 준비하리

꿀벌에게 배우다

밀원蜜源 풍부한 철을 만나
무리의 세를 믿고
새로운 세상을 꿈꾸네
일벌들은 여왕을 부추기고
세를 불리기 위해
춤사위 유세를 하네

벌통 안에서 일벌들은
광란하듯 열렬하게
8자춤 엉덩이춤 반원 돌기
교묘한 동작으로 선동하는
소위 분봉열을 내네

평등한 삶이란
의무를 완수하고
권리를 누리는 것이리
이것이 민주주의의 기본임을
누만 년의 경험으로 진화한

제도의 생활화인 것을!

비슬산 참꽃밭

지지골 지지골
고운 산새소리
유가사 거쳐야
비슬산 가나
용천암 올라야
너럭바위지

참꽃이 모이면
참꽃의 바다
사람이 모이면
촛불의 바다

피처럼 붉은 꽃
서럽고 애달파
산이라 부르기 민망해
참꽃밭이라

선승禪僧

팔공산 치산골에 들면
쿨럭거리던 샛거랑들이
집채만 한 바위가
반신욕을 할 만큼
큰 거랑으로 힘을 모우네

물살이 허옇게 부서지며
연신 쥐어박지만
움쩍 않는 바위 위에
해묵은 소나무 한 그루
가부좌 틀고 좌선이라

천리天理 깨달은 솔부덩
마침내 선승이라

장대비 유감

요즈음 들어 집중호우가 잦아
낮은 곳 낮은 사람들은
한 줄기 장대비에도
걸핏하면 휩쓸려간다

덩그런 집에 살면
물난리 돈난리 걱정 없지만
낮은 곳 낮은 사람들은
한줄기 장대비에도
안절부절 걱정이 태산이다

해일 없는 바다 없고
폭우 없는 하늘 없다는데
하늘 원망하마 우짜노

억울하고 야속하데이
하늘이 사람을 죽이지 않고
사람이 사람을 죽인다카이

제2부

황홀한 빗자루

유서 깊은 이집트의 카이로
타흐리르 광장에
분노한 시민들이
무도한 권력을 몰아낸 후
스스로 빗자루를 들고
어질러진 광장을
쓸고 있어요

'우리들의 가장 아름다운
이집트를 가꾸겠습니다'

청결한 타흐리르 광장은
민중의 힘이 어떤 것인지
얼마나 아름다운지
참으로 행복해질 거라는
확신을 가질 수 있는
아 황홀한
광장의 빗자루!

엠마오로 가는 길

예수가 힘없이
무참하게 죽을 때
절망한 제자 두엇
엠마오로 가는 길

밀려난 사람들
지탱할 힘이 없어
실망하고 절망해
죽음으로 가는 길

뿌리 뽑힌 사람들
철탑 위에 얼어도
살려고 살아보려고
미친 세상과
벌거벗고 부딪네

잘 살아 보려고
당당하게 살려고

가공할 프로토노미

정보와 소프트웨어로 만들어진
현란한 구름 속에서
정보의 컴퓨팅은
디지털 경제의 수확물이
극소수 사람들의 것이 되고
이 최상위 사람들에 의해
생산과 소비가 좌우되는
가공할 프로토노미로의 진입

빈부의 격차가 극에 달한 세상에
드디어 문화적 황폐화가 오고
삶은 더욱 고달파 지리

생산하는 많은 사람들이
과학과 기술을 장악하는
혁명을 이루지 못한다면

장면 2

이스라엘의 폭격이 멎은
레바논 남부 카나 마을
흰 윗도리와 짧은 바지를 입고
장난감 젖꼭지를 문채
말똥말똥 두 눈을 뜬 채

금방이라도
엄마를 찾을 것만 같은데
잿빛 먼지에 뒤덮여
낯모르는 아저씨 손에
안겨 나오고 있어요

말똥말똥 두 눈을 뜨고
조그마한 시체가 되어

국경

햇볕 쏟아지는
아름다운 대지여!

검은 숲과 들녘은
사람을 품고
출렁이는 바다는
물고기를 품었네

드높이 떠보면
땅 위도 바다도
애탄개탄 국경 같은 건
뵈지도 않아

잔인한 인터뷰

어느 방송아나운서가
이라크의 한 어린이에게
말을 물었습니다

"전쟁이 뭐지?"

눈이 커다란 어린이는
주저하지도 않고
또박또박 말했어요

"우리가 불에 타죽는 거죠"

"지금 가장 원하는 것이 뭐지"

"엄마 아빠랑
다 같이 살아남을 수 있기를
기도하고 있어요"

바그다드 아이

오랫동안 기억에 남을
작렬하는 포탄 소리
크루드미사일 피융 씨융
귀신이 울부짖듯
날아드는 소리

살아남아 공포에 떨며
죽은 엄마의 품을
떠나지 못하는
바그다드의 아이야

커다란 눈 부릅뜨고
무엇을 보았니?
오 오랫동안
기억에 남을

애그플레이션 공포

굶주림보다 더 무서운 것이
하늘 아래 또 있으리
십억이 넘는 사람들이
굶주림으로 허덕이는데
부자들은 떵떵거리며 사네

식량주권 같은 건
안중에도 없는 무리들이
한미 FTA에 목을 매는
친미사대주의자들의 몰염치가
추운 거리로 사람들을 불러내네

지구촌 구석구석으로
에그플레이션의 공포가 밀려오고
곡물이 무기로 변해가는 세상에
수입농산물로 흥청대는
하루살이 같은
어설픈 삶이 두렵다네

까마라 주교의 강론

돔 헬더 까마라 주교의
어느 날 강론입니다.

'가난한 사람을
도와야 한다고 말하면
사람들은 나를
성자라고 합니다'

'그러나
가난을 만드는 구조를
바꾸어야 한다고 말하면
사람들은 나를
빨갱이라 부릅니다'

이상한 관심

이스라엘의 주요 관심은
리비아 반군의 목숨도 아니고
세상이 떠들어쌓는
가치나 명분, 인권이나 민주화 같은
서방 언론들의 론지도 아니고

이스라엘의 가장 흥미로운 관심은
서방의 군사력에 의해
아랍인들이 죽어나가는 것
영불의 폭격과 미 항모의 토마호크로
죽어 나뒹구는 아랍인들의 시체를
헤어 보는 것이라네요

이라크 사람

티그리스 강변에
숯불화로 들고 나와
차를 끓이며
지는 해를 바라보는
이라크 사람

전쟁이 끝나면
가족과 함께
지는 해를 바라보며
변함없이 차를 끓일
이라크 사람

욕辱

짱꼴라, 로스케, 쪽발이, 양코배기라
지배자들은 사대매국을 해도
조선 민중들은 오래전부터
주변 강대국들에 대한 경계의식으로
욕을 하였었지

쪽발이 물러난 땅에
양코배기 설쳐대자
노랑내 나는 천한 이름들이
조선 강생이 이름 되었지

똥 먹던 워리 워리를
암수조차 가리지 않고
메리, 케리, 쫑이라
앞으로는 부시라 라이스로
불러도 되겠네
이거야말로
강자를 능멸하는 대욕!

평화의 콘서트

로마시대의 원형극장이 남아있는
독일의 자그마한 도시 크산텐에서
1988년 평화의 콘서트가 열렸습니다

아르헨티나 군부에서 추방된
메르세데스 소사!
마틴 루터 킹 목사와 함께 행진하면서
'우리는 승리하리라' 를 불렀던
멕시코계 미국인 조엔 바에즈!
나치에 살해당한 동무를 노래한
서독의 콘스탄틴 베커!

인권운동 반전운동 환경운동가들이 벌인
평화의 콘서트! 이 따뜻한 감동!
오늘날 그들의 이야기와 전설과
그들을 느끼려고 수많은 사람들이
크산텐으로 크산텐으로
모여든답니다

산타를 추방하세요

루돌프사슴이 끄는 설매를 타고
룰루랄라 스위트 홈의 굴뚝으로
은밀히 침투하는 산타클로스!

붉은 외투와 흰 수염은
모순을 은폐하는 가면인데
무릇 성자처럼 치장을 하고
어둡고 슬픈 사람들에게 위안을 주며
탐욕을 전파하는 거짓부렁 신!

썰매는 자본이고 흰 눈은 거품인데
징글벨 징글벨 종소리 따라
궁핍과 위기를 메우는 화려한 활강!
소비사회의 전령사인
교활한 산타를 추방하세요

위기

한국에는
토건족들이
강산을 파헤치고

미국에서는
군산복합족들이
앞마당 뒷마당에
싸움판 벌일
궁리만 한다

제3부

안전불감증 시대

원전이 안전하다면
왜 후쿠시마고 니이가타냐
도쿄에다 지을 일이지

원전이 그리 안전하다면
왜 울진이고 고리,
굴비 많이 나는 영광이냐
서울 한복판이나
강남에다 짓지

고전 속에

고전 속에는
주옥같은 말씀들이
석류알처럼 풍성합니다

'모든 관계의 질적 변화는
주체의 운동력에 의해서
발생하고 결정된다' 는
가르침도 있고

'우리들의 목표는
풍부하게 소유하는 것에
있지 않습니다
우리들의 목표는
바로 풍성하게 존재하는 것
그 자체에 있습니다'
귀한 뜻이 담긴

통일풍류

대동강 가
봄빛술집 들러
얼씨구나

평양소주에
메기토렴 안주라
절씨구

이 얼큰한 행복!

세습 옹헤야

옹헤야 잘도 논다
왕자리만 세습이냐
돈자리도 세습이다

부모님은 온팔자요
학지혈연 반팔자라
밀어주고 옹헤야
덮어주고 저절시구
끌어주고 옹헤야

대를 이어 특권 세습
잘도 논다 옹헤야

심우도尋牛圖

'구제역으로
전국이 초토화 됐으니
이제 대책회의 합시다'

한겨레 그림판 속
멀리 지평선 벌판에
묻힌 소들이 가물가물
대통령과 그 하수인들이
희희낙락 담소 중인데
한자리에 미국소 거만하게
싱글벙글 좌정이라

개입에 상아 돋을까
국경을 뭉개 버리는
초국적 축산 자본의 탐욕과
이를 비호하는 세력의 음모
가히 심우도라!

유비쿼터스 대담對談

과학문명이 고도로 발달한
우리들 미래의 삶이
꼭 황홀하지만은 않을 것이야

과학기술의 두뇌가
인간의 두뇌보다
훨씬 더 빨리 진화해서
인간적인 모든 것을
다 앗아 갈 것만 같아서지

로봇병사들이
첨단병기로 무장을 하고
멀쩡한 사람들을 닦달하는
지능의 독재를
한 번 상상해 보게나
모골이 송연해지지 않나

너무 빠르게 발달하는

과학 세계를
찬탄할 수만은 없네 그려
사람이 사람답게 살 수 없는
가공할 미래 파시즘이라니
상상만 해도 으스스 해지는군

만월대 대화

"까서 교란된 것도 보고"
"까요? 뭘 깝니까?"
"아니, 여기"
"아 판다고요?"

"곽밥 왔다"
"도시락 왔다구"

"그런데 숙식조가 추워서
잠주머니가 필요하단 말입니다"
"잠주머니? 아 슬립핑 백?"

"괴수무늬 기와다!"
"귀면鬼面무늬 말이요?"
"도깨비는 꽤 귀여운데
웬 괴수?"

2007년 5월에

600년이나 방치되었던
고려궁성 만월대
남북공동발굴 현장
발굴대원들의 대화랍니다

어떤 추모사

고공농성으로
희망버스를 탄생시킨
김진숙은
최강서의 영정 앞에서
흐느끼며 추모사를 하네

'냉동실에 너를 눕혀놓고
꾸역꾸역 밥을 먹는
우리는 이 겨울이 춥다
이력서에 붙은 사진은
영정이 되고
다시 상복을 입은
사람들이 모였다
모두 떨면서 우네'

숨진 노동자의 추모문화제에
2013년 1월 5일 또다시
34대의 희망버스를 타고

운집한 사람들 앞에서

정화와 분희

남북 단일팀을 다룬 영화
'코리아' 개봉에 맞춰
정화는 분희를 만나
두 사람의 이름을 새긴
반지를 전하려 했는데
안타깝게도 불허되었대요

1991년 세계탁구선수권대회
여자 단체전에서 우승한
남쪽의 현정화 북쪽의 리분희는
열아홉 해를 오매불망
감격의 상봉을 기다렸는데
안타깝게도 불허되었지요

부둥켜안고 그리움도 달래고
막힌 체육교류도 의논하고
정화의 다짐 옹골찹니다
'꼭 만나고 싶다 분희야'

‘꼭 만날 수 있을 것이다

먹튀

성공한 사기는
사기가 아닌감?

4대 중증 환자
100% 지원 공약 파기
기초연금도 파기
무상보육도 파기

한 보따리 표를
낑낑 끌고 가는
마녀 같은 권력에게
화가 치민 민초들

'대선 결과도 파기다'

공감

안녕하지 못한 사람들이
시청 앞 광장에 모여
연설자와 대담이네

'안녕들 하십니까?'
'안녕 못해요'
'국가란 대통령입니까?'
'아니요 아니지요'
'국가란 국민입니다'

'천만 명이 영화를 보면
영화사는 대박이지요
그런데 천만 명이
거리로 나오면 어떨까요?'

'세상이 바뀝니다'

지렁이의 저항

한없이 착해 보이는 지렁이들이
아스팔트로 포장된 사람의 길에 나와
꿈지럭거리며 죽어가네

닥치는 위험을 훤히 안다는
지하의 군자들이
가시 하나 없는 알몸으로
피 흘리며 짓밟히고
으깨어진 주검의 흔적들이
처참하다

사람이 만물의 영장이라 으스대며
강을 막고 길을 포장하는 땅이
수만 지렁이들의 터전인 걸
오랫동안 잊고 살았구나

소슬바람 싱그러운 아침
사람의 길 위로 나와

용감하게 밟히고 터지는 회생
이 전사들의 장렬함은
인간 오만에 대한 저항이리

꿈

온누리
배달들
이런 꿈꾸지

남녘 인공위성
북녘 은하로켓
부둥켜안고
지구를 빙 빙
돌고 도는 꿈!

귀여운 나라

주권을 시답잖게 여기며
가랑이 잡고 매달리는
이상한 나라지만
어험 큰 기침에
말 잘 듣는 귀여운 나라

원수로 여기는 살붙이를
때때로 비난해주고
굽실대는 무리들에게
비위를 맞춰주면
큰 돈 아끼지 않고
비싼 무기 사주는 충직한 동맹

이래도 봉, 저래도 봉
대-한민국 짜작짜작 짜-ㄱ
귀여운 나라!

백조일손지묘百祖一孫之墓

제주도 송악산 섣알오름
후미진 구덩이에서 파낸
모슬포 양민 132구의 두개골을
수습해 누가 누군지 알 수 없어
모두 다 한 무덤을 무어
백조일손지묘라

울산의 대웅산 골짜기와
반정고개에서 학살당한
625구의 두개골을 찾아
그들을 묶어 끌고 갔던
철사줄과 금이빨, 도장,
처녀의 머리채를
한 무덤에 큼지막하게 모시고
백조일손지묘라

방방곡곡에 묘석조차 없는
백조일손지묘가 수두룩하지만

주둔군들은 손을 내저으며
동족상잔의 비극이라 하네

선주후면先酒後麵

감자로 국수를 누르고
시언하게 조개 달인 물
까나리 달인 육수로
말랑하게 국수를 말고
명태회 꾸미로 올린
명태회국수!

남북 산하에 길이 훤해지면
함남 특산물식당 신흥관에 들러
명태회국수 먹어 볼끼다

가다 오다
능라도 국수집 들러
선주후면 얼큰해져
강냉이국수 맛도 보고

길을 터
허우적 허우적 좌위리 찾아

뫼밀국수 후루룩 먹어 볼란다

제4부

격렬비열도 엘레지

중국에 닿을락 말락
한반도의 서쪽 끝
격렬열비열도에
미국의 조지 워싱턴호가
슬슬 올라 왔지러

거시기 거 뭐더라
서해가 부글부글
너무 격렬해지면
안된당께

94가지 드라마

만남은 기쁨이고
헤어짐은 슬픔이지요
남측 94세의 한신옥 할머니는
북측 아들 김광윤 씨를 만나
고향의 봄을 합창한 뒤
'기쁘다' 고 외쳤지만
얼굴은 눈물범벅이었지요

남녘의 오빠 78세의 조윤수 씨는
북측 여동생 73세의 조명수 씨에게
'오빠 걱정은 마라
백 살까지 살 테니' 말하고
함께 엉엉 울고 맙니다.

모처럼의 이산가족 상봉장
94개의 테이블마다
94개의 한 맺힌 드라마!
한 맺힌 드라마가 어찌

94가지뿐이겠어요

한상렬 님의 편지

사랑하는 남녘조국 남녘동포 여러분!
오늘 저는 우리나라 북녘땅에서
우리나라 남녘땅으로 갑니다
판문점을 통과하여 갑니다

사랑하는 남녘동포 여러분!
저는 만나는 동포마다
우리 함께 친남 친북 하자고
연남 연북하며 연애하자고
호소했습니다

남과 북은 하루빨리
분단 분열 적대 대결관념을
청산하고 치유하며
통일 연합 친선 대동정신으로
돌아와야 합니다

우리는 이미 한 몸입니다

한 몸이니 한 몸으로
한 몸 되게 하옵소서

어느 날 제언提言

어화 어화 벗님네야
이내 말씀 들어 보소
방부제 밀가루 땜에
남아돌아 아우성치는 쌀
창고 문을 활짝 열어
북녘으로 보내주소
뽕도 따고 님도 보고
도랑 치고 가재 잡고
쾌지나칭칭 나네

철길 잇고 도로 이어
북녘으로 쌀 싣고 가
형제지간 어려울 때
먹거리에 보탬 되고
오가는 길 지척이라
북녘 땅에 무진장인
광물자원 채굴하여
철광석을 싣고 오세

누이 좋고 매부 좋고
마당 쓸고 지갑 줍고
삼천리에 달도 밝다
쾌지나칭칭 나네

마니산 기구祈求

마니산 능선을 톺아 오르며
드문드문 어선들 한가로운
강화의 바다를 내려다 봅니다
우중충한 서해의 바닷물은
온갖 풍파를 다 겪어낸
겨레의 비운인 듯 참 안쓰럽습니다

목은 이색 선생께서
참성단 선경을 읊은 시비가
단아하게 자리를 잡아
지친 길손의 숨결을 골라줍니다

고색창연한 참성단에
한 무리 등산객들이
향 피우고 축문 읽는 뒷전에서
아내와 같이 절하며 빌었습니다

한배검 님! 이 땅의 악귀를 쫓고

우리 겨레 하나이게 하소서!

민북마을 이야기

철원지역 일곱 개의 민북마을은
철책선에서 불과 1km정도 떨어진
전략촌이라
불모지를 개간하고
미확인 지뢰밭을 일구면서
주로 농사를 지으면서 살았는데요

1973년 여름 어느 날
3사단 소속 군인들의 협조 요청으로
군인들과 함께 허연 가루약을
마스크도 없이 철모로 뿌렸답니다

그 후 마을 주민들은
손과 발 허벅지와 머리 등
온몸에 팥알만 한 반점과
수포가 생기고 가려움증으로
고통스럽게 살다 죽어갔습니다

미8군 고문단의 지휘로 이루어진
민통선 고엽제 살포를
미군 당국은
입도 뻥긋하지 않는다나요

궁민窮民 품바

허절시구 궁민품바
돈 없으면 성도 없다
경제라는 생태계는
재벌들이 싹쓸이하고
정상배들 하릴없이
소득분배 빈말일 뿐
복지에는 눈 만 껌벅
민초들은 죄다 궁민

이 각설이 이래 봬도
꼬부랑말 잘도 한다
푸어푸어 돈 떨어져
거리마다 궁민이라
취직 전은 스펙푸어
취직하면 워킹푸어
결혼할 때 허니문푸어
아이 가진 베이비푸어
집 있으면 하우스푸어

집 없으면 렌트푸어
자녀교육 에듀푸어
나이 들면 실버푸어

허절시구 궁민시대
평등세상 언제오노
통일세상 이루어서
좋은 시절 도래한다
품바품바 궁민품바
허절시구 잘도 한다

적조의 바다

삼성정밀화학, CJ제당,
LG화학, 한솔제지……,
굴지의 대기업들이
군산 서쪽 포항 동쪽
울산 남동쪽
아무도 안 보는 바다에
산업폐수나 찌꺼기 들을
싣고 와서 마구 버린다네

바다가 터전인 사람들은
죽네 사네 황토를 뿌리며
안간힘을 써도
적조는 넓게 번져나기만 하네

어찌 상승한 수온과
해류 탓만 이리
어느덧 시중 해산물에
카드뮴 같은 중금속이

기준치의 열 배도 넘는다는데

전야前夜

기쁘다 구주 오셨네
하늘 그득 징글벨 소리
짝퉁 산타들은
흰 수염 너풀너풀
등 따습고 배불러
'하늘에는 영광
 땅에는 평화'

이 현란한 전야에
삶에 부대끼는
누만의 민초들은
기쁘지도 않고
평안하지도 못해
안녕들 하십니까
안부를 묻고 또 묻네

탁란지죄托卵之罪

덩치 큰 못된 뻐꾸기가
뱁새의 둥지에 들어
슬쩍 알을 맡기는 짓
이를 탁란지죄라

방위비 분담금으로
혈세를 아름드리로 챙기고
도리어 큰소리치는 짓
고약한 탁란을 닮았네

드디어 작은 새들은
저항 공격으로 진화를 하네
뱁새 개개비 휘파람새 산솔새
힘을 모아
얼쩡대는 침략자를 쫓아내네
얼씬 못하게

괴물철탑

분하다
우리가 뭐 잘못했다고 이라노
돈을 달라 카나
먹을 걸 달라 카나
그냥 우리 동네에
조용히 살고 싶다는데
뭐가 그리 잘못됐노

너거들 같으면
너거 할매할배집에
괴물철탑 들어선다카마
가만있겠나 이 말이다

이 세상이 싫다
너무 더럽다 정말 나쁘다

억억거리며 우는
정임출 할머니의 울음!

밀양 할매

엄마는 강하거든
근데 할매는 더 강한기라
엄마가 나이 들면
되는 게 할매니
당연하제

지금 싸워야 한다
우리 대에 싸움을 끝내야
자식들이 편한기라
다음 세대에
우리 싸움을
물려주지 않는기라

할매들은
그 말밖에 없다
다 죽이고 공사해라

북녀北女

북녀들은
한숨짓거나 서성거리지 않고
자기희생을 전제로
남자들 앞에 서기를
과감히 자청한답니다

사치하지 않고 건방지지 않으며
똑똑하고 아금받은 성격에
재치 있는 말솜씨와
환한 미소가 자연스러워요

언제나 고운 미소를 머금고
닦아오는 통일의 길에서
앞서 기수가 되려고 하는
야무지고 다부진 북녀!

폭거

골목상권을
단숨에 휩쓸어버리는
부자들을 향해
울고불고 아우성치는
영세 상인들을
거들떠보지도 않고
묵묵부답이다가
드디어 입을 열어

'돈 없고 권력 없으면
말이나 잘 들어
아니면 죽어'

미역 이야기

동의보감에는
미역을 해채海菜라 하여
사람 몸에 좋은 것이라
예로부터 산모에게
꼭 미역국을 끓여먹였어요

미역은 삼남 해안에서 나므로
북녘에는 매우 귀한 것이라
부산의 기장군에서는
기장미역 한 컨테이너를
북녘으로 보내줄 작정이랍니다

북녘의 산모와 어린이들에게
좋은 미역을 먹이겠다는
한 겨레의 마음!
금방 가슴이 훈훈해집니다

인차 만나자

경인년 금강산 이산가족 상봉장
남측의 최고령이신
96세의 김정례 할머니께서
첫날 상봉 직전까지도
'긴장은 무슨,
 딸 만나는데 좋기만 하지'
하시며 웃으시더니
북측의 딸 우정혜를
만나자마자
울음을 터뜨리시네

헤어질 때 딸을 부둥켜안고
'울지마 인차 만나자'
할머니의 눈물은 어찌
마르지도 아니하실까?

잃어버린 10년

권력 잡았네 오메 좋은 거
통일을 두려워하는 유전자로
세상을 휘어잡으니 힘이 펄펄
촛불을 짓밟아 끄니 이젠 내 세상
전쟁도 불사 기고만장

내 이익을 위해서라면
상식이고 나발이고 다 내동댕이
오로지 반북, 이념만을 앞세울 거야
친미 친일 반 통일 우쭐우쭐
미국이 좋아 일본도 좋아
무조건 무조건이야

천하의 방송은 보수언론으로 채우고
대법관은 개신교 신자에 맞기니
당신이 부르면 달려갈 거야
태평양을 건너 대서양을 건너
미국이 부르면 달려갈 거야

무조건 달려갈 거야

풍등風燈

똥바람 양바람 드센 땅
바람 잘 날 없는 영도 땅
한진중공업 타워크레인 위에
메아리 진 거친 숨결 따라
아름다운 풍등을 띄우네

희망버스에 올라
울끈불끈 모여든 사람들
용광로 같은 가슴들이
아슬아슬한 고공농성장으로
개똥벌레로 형광螢光을 뿜네

사람답게 살기 위해
다 같이 부둥켜안으려고

한강 르네상스

빛을 물 쓰듯
화려한 말빛도
허드렛물 쓰듯
비까번쩍 새빛둥둥섬

둥둥 하염없다

| 발문

팔순 청년이 펼쳐놓은 통일의 꿈

정지창(문학평론가)

1

류근삼 시인이 팔순을 맞아 평생 꾸어왔던 통일의 꿈을 한껏 펼쳐놓았다. 알다시피 류근삼 시인은 시인이기 이전에 통일의 꿈을 실현하기 위해 평생 온몸을 바쳐온 통일운동가이다. 그가 50이 넘은 나이에 늦깎이 시인이 된 것도 어쩌면 통일을 위한 하나의 방편이었는지 모른다. 그는 통일의 꿈을 시의 형식으로 표현하기 위해 시인이 되었다고 나는 믿는다.

등단 후 지난 20여 년간 류근삼 시인이 펴낸 시집들과 산문집, 그리고 그 동안 그가 걸어왔던 길을 돌아보면 통일이 그의 삶을 이끈 가장 중요한 동력이자 궁극적인 목표라는 것을 알 수 있다. 팔순이 되어서도 여전히 통일을 위해 치열하게 공부하고 통일을 꿈꾸는 류근삼 시인이 아직도 청년처럼 팔팔하고 열정적인 것은 역설적으로 통일이 아직 이루어지지 않았기 때문이다. 류근삼 시인은 통일을 이루기 전까지 결코 늙지 않을 것이다.

이 시집의 제목이기도 한 「꿈속의 꿈」을 보자.

단잠 속 맛있는 꿈
잠을 깨어도 여상스럽지
들뜬 항구를 떠나
삼천리를 단박 내닫고
대륙 만리 누리는 여정
꿈속이라도 가슴 벅차네

이어진 산하 너무 좋아라
연기 풍풍 내뿜는 기관차가
솔개처럼 빨라
임진강을 후딱 건너
압록강을 와장창 지나네

꿈속에서 또 잠이 들었나
요동벌은 감개무량해
대황신 유물유적 쏟아져 나온
요하를 톺아 가다
조선 장수들 말굽소리에

후딱 꿈속 꿈을 깨었네

연기 아득한 철마는
솔개처럼 빨라
만 리 여로가 단숨이었네

—「꿈속의 꿈」 전문

여기서 시인은 두 개의 꿈을 겹쳐 보여준다. 첫 번째 꿈은 남북통일이 되어 열차를 타고 단숨에 임진강과 압록강을 건너 유라시아 대륙으로 내닫는 꿈이다. 단잠 속에서 꾼 꿈은 깨어서도 생생하다. 경상도 말로 '여상스럽다.' 그리고 또다시 꾼 두 번째 꿈에서 시인은 요동벌을 지나 요하 유역에서 고조선 시대의 단군 유적을 보고 감회에 젖어 있다가 대륙을 누비던 조선 장수들의 말발굽 소리에 놀라 깨어난다. 첫 번째 꿈이 공간적으로 한반도를 거쳐 대륙으로 단숨에 대닫는 통일의 꿈이라면, 두 번째 꿈은 오늘날의 남북 분단시대에서 조선 장수들이 대륙을 말달리던 아득한 고조선 시대로 시간 여행을 하는 꿈이다. 통일열차를 타고 삼천리 한반도를 지나 대륙만리를 내닫는 꿈은 여러 시인들이 노래한 적이 있지만, 저 아득한 요동 벌판에서 단군의 유적지를 돌아보며 조선 장수 말발굽 소리를 듣는 꿈을 겹쳐 꾼 것은 류근삼 시인 하나뿐일 것이다. 그는 통일이 되어 남북한이 하나 되는 꿈과 함께 통일 이후에 펼쳐질 '오래된 미래'의 꿈까지 꾸는 시인이다.

이번 시집에는 이 밖에도 10여 편의 통일 시들이 실려 있다. 그중 하나인 「꿈」이라는 시에서 시인은 "남녘 인공위성 / 북녘 은하로켓 / 부둥켜안고 / 지구를 빙 빙 / 돌고 도는 꿈!"을 펼쳐 보인다. 북한의 은하로켓과 남한의 인공위성을 상호적대적인 무력 경쟁의 시각이 아니라

형제끼리의 우의와 협력의 시각에서 보면 이처럼 평화롭고 흐뭇한 그림이 우주공간에 그려질 수 있는 것을!

그런가 하면 「통일 풍류」는 대동강변에서 평양소주에 메기토렴 안주로 얼큰하게 취하던 방북 시절의 한때를 그리고 있다. 메기토렴은 메기를 끓는 물에 데쳐낸 샤브샤브 비슷한 요리라고 한다. 「선주후면(先酒後麵)」은 앞으로 남북왕래가 자유로워지면 말로만 듣던 북한의 이름난 음식점인 함흥의 신흥관 명태회 국수와 평양 능라도의 강냉이 국수, 함경북도 수안읍 좌위리의 메밀국수를 맛보고 싶다는 소망을 담고 있다. 그럼 시인은 이러한 북한의 맛집 정보를 어떻게 알아냈을까? 가뭄에 콩 나듯 국내 언론에 보도되는 북한 관련 기사

에서 그런 정보를 얻은 것 같다. 가령 좌위리 메밀국수에 관한 기사를 찾아보자 :

(서울=연합뉴스, 2002.3.27) 정상용기자 = 남한의 봉평 메밀국수가 유명하듯이 북한에서 메밀국수의 본고장은 함경북도에 있는 좌위리로 알려져 있다.

내각 기관지 민주조선 최근호(3.15)에 따르면 함북 수안군 수안읍에서 60리 정도 떨어진 좌위리에 가면 맛이 일품인 메밀국수를 맛볼 수 있는데 북한 사람들은 이 국수를 '좌위리메밀국수' 라고 부르고 있다.

'좌위리메밀국수' 는 이곳 주민들이 대대로 내려오며 즐겨 만들어 먹은 이 고장의 이름난 특산음식으로 '누구나 그 맛을 못 보면 후회하게 된다' 고 말할 만큼 맛이 뛰어나다는 것이다.

일반적으로 메밀국수는 일정한 분량의 당분을 섞어야 질기고 맛이 좋은 것으로 알려져 있으나 '좌위리메밀국수' 는 순메밀로만 누른 맛 좋은 국수를 뽑아내는 점이 특징이다.

평양 옥류관, 함흥 신흥관 등 각지의 일류식당에서 일하는 북한 최고의 요리사들도 이 메밀국수의 독특한 감칠맛을 배우기 위해 좌위리를 자주 찾아가곤 한다.

평소에 관심을 가지고 꾸준히 북한 관련 뉴스를 수집

하고 연구하는 통일공부가 선행되지 않고서는 이런 시들을 쓸 수 없었을 것이다. 「94가지의 드라마」와 「인차 만나자」는 남북 이산가족 상봉을, 「정화와 분희」는 당국의 거부로 무산된 탁구선수 현정화와 이분희의 상봉을 다루고 있다. 「만월대 대화」는 개성의 고려 유적 공동 발굴 현장에서 남북의 발굴자들 사이에 오간 대화를 통해 분단으로 남북의 언어가 얼마나 달라졌는지, 그리고 그런 이질화가 어떻게 극복되어 대화와 소통이 이루어지는지를 현장감 있게 보여준다. 「미역 이야기」는 경남 기장에서 북녘의 산모들을 위해 특산품인 미역 한 콘테이너를 보낸다는 가슴 훈훈한 소식을 전한다. 그 가운데서도 눈에 두드러지는 것은 민요풍으로 남북간의 교류와 협력을 촉구하는 「어느 날 제언」이다.

어화 어화 벗님네야
이내 말씀 들어 보소
방부제 밀가루 땜에
남아돌아 아우성치는 쌀
창고 문을 활짝 열어
북녘으로 보내주소
뽕도 따고 님도 보고
도랑 치고 가재 잡고

쾌지나칭칭 나네

철길 잇고 도로 이어
북녘으로 쌀 싣고 가
형제지간 어려울 때
먹거리에 보탬 되고
오가는 길 지척이라
북녘 땅에 무진장인
광물자원 채굴하여
철광석을 싣고 오세
누이 좋고 매부 좋고
마당 쓸고 지갑 줍고
삼천리에 달도 밝다
쾌지나칭칭 나네

—「어느 날 제언提言」 전문

지금까지 살펴본 통일시편 외에도 한반도의 전쟁 위기를 걱정하고 평화를 기원하는 시들도 눈에 띈다. 그중에서도 「격열비열도 엘레지」는 경상도 사투리와 전라도 사투리를 적절히 사용하여 감칠맛을 낸다.

중국에 닿을락 말락

한반도의 서쪽 끝
격열비열도에
미국의 조지 워싱턴호가
슬슬 올라 왔지러

거시기 거 뭐더라
서해가 부글부글
너무 격렬해지면
안된당께

–「격열비열도 엘레지」 전문

2

이 시집 2부에는 통일시 외에도 중동에서 벌어지는 야만적인 전쟁을 다룬 시편들이 집중적으로 배치돼 있다.「잔인한 인터뷰」,「이상한 관심」,「바그다드 아이」,「이라크 사람」 등이 그것들인데 그중에서도「장면2」는 영화의 한 장면처럼 폭격으로 숨진 어린 아기의 모습을 클로즈업하여 보여준다.

이스라엘의 폭격이 멎은
레바논 남부 카나 마을
흰 윗도리와 짧은 바지를 입고

장난감 젖꼭지를 문 채
말똥말똥 두 눈을 뜬 채

금방이라도
엄마를 찾을 것만 같은데
잿빛 먼지에 뒤덮여
낯모르는 아저씨 손에
안겨 나오고 있어요

말똥말똥 두 눈을 뜨고
조그마한 시체가 되어

-「장면 2」 전문

류근삼 시인이 젊은 시인 못지않게 열린 시각을 가지고 세계 곳곳에서 벌어지고 있는 위기의 징후들을 날카롭게 포착하여 분석하고 공부하고 있다는 사실은 「플루토노미」와 「애그플레이션」, 「유비쿼터스 대담(對談)」, 「까마라 주교의 강론(講論)」 같은 시에서도 드러난다. 부유층 중심의 경제를 뜻하는 「플루토노미」는 요즘 화두가 되고 있는 소득불균형과 양극화현상을 경고하고 있고, 「애그플레이션의 공포」는 식량주권의 상실을 우려하며 한미 FTA(자유무역협정)에 반대하는 시민들의 거리 시위를 주제로 삼고 있다.

굶주림보다 더 무서운 것이
하늘 아래 또 있으리
십억이 넘는 사람들이
굶주림으로 허덕이는데
부자들은 떵떵거리며 사네

식량주권 같은 건
안중에도 없는 무리들이
한미 FTA에 목을 매는
친미사대주의자들의 몰염치가
추운 거리로 사람들을 불러내네

지구촌 구석구석으로
애그플레이션의 공포가 밀려오고
곡물이 무기로 변해가는 세상에
수입농산물로 흥청대는
하루살이 같은
어설픈 삶이 두렵다네

–「애그플레이션 공포」 전문

한편, 류시인의 장기가 되어버린 민요풍의 풍자시에서 날카로운 현실비판은 푸근한 유머감각과 어우러져 읽는 이의 어깨를 들썩이게 만든다. 가령 「궁민 품바」와 「세습 옹헤야」, 「잃어버린 10년」은 이런 풍자시의 묘미를 유감없이 보여준다. 그중에서도 「궁민 품바」는 단연 돋보인다.

허절시구 궁민품바
돈 없으면 성도 없다
경제라는 생태계는
재벌들이 싹쓸이하고
정상배들 하릴없이
소득분배 빈말일 뿐
복지에는 눈 만 껌벅
민초들은 죄다 궁민

이 각설이 이래 봬도
꼬부랑말 잘도 한다
푸어푸어 돈 떨어져
거리마다 궁민이라
취직 전은 스펙푸어
취직하면 워킹푸어

결혼할 때 허니문푸어
아이 가진 베이비푸어
집 있으면 하우스푸어
집 없으면 렌트푸어
자녀교육 에듀푸어
나이 들면 실버푸어

허절시구 궁민시대
평등세상 언제오노
통일세상 이루어서
좋은 시절 도래한다
품바품바 궁민품바
허절시구 잘도 한다

–「궁민窮民 품바」 전문

일방적으로 한쪽으로 기울어진 한미관계도 류시인의 날카로운 비판의 칼날을 피할 수는 없다. 그는 이미 여러 편의 시와 산문집 『우리 현대사의 정복자 尾國』에서 이 문제를 끈질기게 파헤친 바 있다. 최근 주한미군 방위비 분담금을 덤터기 씌우고 있는 미국에 대한 분노가 다음과 같은 시를 낳았으리라.

덩치 큰 못된 뻐꾸기가
뱁새의 둥지에 들어
슬쩍 알을 맡기는 짓
이를 탁란지죄라

방위비 분담금으로
혈세를 아름드리로 챙기고
도리어 큰소리치는 짓
고약한 탁란을 닮았네

드디어 작은 새들은
저항 공격으로 진화를 하네
뱁새 개개비 휘파람새 산솔새
힘을 모아
얼쩡대는 침략자를 쫓아내네
얼씬 못하게

－「탁란지죄托卵之罪」 전문

미국에 대한 비판에는 주권국가로서의 자주성을 내팽개친 우리 자신에 대한 비판도 당연히 뒤따를 수밖에 없다. 이 시를 읽다보면 "귀여운 나라"는 어느덧 "가여운 나라"로 바뀐다.

주권을 시답잖게 여기며
가랑이 잡고 매달리는
이상한 나라지만
어험 큰 기침에
말 잘 듣는 귀여운 나라

원수로 여기는 살붙이를
때때로 비난해주고
굽실대는 무리들에게
비위를 맞춰주면
큰 돈 아끼지 않고
비싼 무기 사주는 충직한 동맹

이래도 봉, 저래도 봉
대-한민국 짜작짜작 짜-ㄱ
귀여운 나라!

―「귀여운 나라」 전문

지금까지 훑어본 류근삼 시인의 시들은 멋을 부린 음풍농월(吟風弄月)의 시나 남녀간의 사랑과 이별을 그린 애틋하고 감상적인 시, 자폐적인 도시인의 내면세계를 탐구하는 난해한 시와는 거리가 멀다. 오히려 그의 시들은 현실세계의 갖가지 모순과 갈등에 초점을 맞추어 어떻게든 이를 돌파하고 해결하려는 의지를 바탕에 깔고 있다. 그의 시에는 언제나 생생한 현장감이 넘친다. 송전탑 건설에 반대하는 밀양 산골 할매들의 천막과 노동자 최강서의 장례식장, 원전 반대 시위 현장, 시청 앞 대중집회가 류근삼 시의 발원지다. "모든 관계의 질적 변화는 / 주체의 운동력에 의해서 / 발생하고 결정된다"(…), "우리들의 목표는 / 풍부하게 소유하는 것에 / 있지 않습니다 / 우리들의 목표는/ 바로 풍성하게 존재하는 것 / 그 자체에 있습니다" (「고전 속에」 부분). 이런 구절들에서 우리는 류시인의 시정신이 무엇을 지향하고 있는지 읽을 수 있다.

3

류근삼 시인은 세상사에는 초연한 척 음풍농월(吟風弄月)에만 탐닉하는 선비형 시인은 아니지만 그렇다고 자연을 외면하는 창백한 도시형 시인은 아니다. 어찌 보면 류근삼 시인이야말로 어느 누구보다도 자연친화적이고 생태주의적인 시인이라 할 수 있다. 이렇게 말하는 근거는 이 시집 1부에 실린 일련의 시들이다. 가령 노거수 회화나무를 노래한 다음과 같은 시를 보자.

삼백 살을 훌쩍 넘기셨다는
회화나무께서 꽃을 피우시네
비바람에 찢기고 꺾인
만신창이의 노구老軀로
뒤늦은 팔월이 되어서야
은은한 색감의 꽃을 피우시네

늦은 봄날 오월이 되어서야
겨우겨우 움을 틔우시더니
어느새 푸른 잎으로 단장하시고
생기발랄 의젓해지셨습니다

풍찬노숙 태연자약
오랜 내공의 위엄이 깃들어
부엉이 한 마리 범접할 수 없는
어르신의 높은 기품을 보며
생명의 존엄을 깨닫습니다.
나이 들어
품격 있는 삶을 살 수 있도록
큰 가르침을 받습니다

–「회화나무」 전문

여기서 시인이 그려낸 회화나무는 바로 류근삼 시인 자신의 모습과 흡사하다는 것을 독자들은 알아챌 것이다. 풍찬노숙의 온갖 고초를 겪고 삼백 살이 넘어서도 내공이 깊어 범접할 수 없는 기품을 지니고 있는 나무, 그러면서도 푸른 잎을 틔우고 은은한 꽃까지 피워내는 노익장의 생명력. 회화나무와 같은 삶을 살아낸 사람만이 이런 회화나무의 미덕을 발견하고 칭송할 수 있는 안목을 가질 수 있다는 점에서 회화나무는 류근삼 시인의 자화상으로 보아도 무방할 것이다.

내 몸은 작은 우주라지
대우주 속 소우주라지
내 몸속에는
박테리아, 곰팡이, 바이러스
같은 생명체가
일백만이나 살고 있는
아름답고 살가운 작은 우주라지

뱃속 큰창자에만도
사천 종이 넘는 세균들이
자기 세상으로 살고 있으며
잇몸이나 이빨에도

천삼백 종의 세균들이
나름대로 번영을 누린다지

소우주는
광대무변 허공이고
일백조의 생명체가
부대낌 없이 삶을 영위하는
거창한 유기체라지

－「우주상념宇宙想念」 전문

여기서 시인은 광대무변한 우주 속의 작은 한 점에 불과한 나의 몸 안에 또 하나의 작은 우주가 깃들어 있다는 사실을 노래하고 있다. “대우주 속 소우주”인 내 몸 속의 “아름답고 살가운 작은 우주”는 “광대무변 허공이고 / 일백조의 생명체가 / 부대낌 없이 삶을 영위하는 / 거창한 유기체라”는 인식, 우리 몸속의 수많은 세균들이 “자기세상으로 살고 있으며” “나름대로 번영을 누린다”는 깨달음은 얼핏 평범한 것 같으나 거기에는 생명을 가진 우주 만물은 모두 평화롭게 공존하며 번영하는데 인간 세상에는 왜 이런 평화와 공생 공존이 불가능한가, 하는 질문이 숨겨져 있다. 이런 질문에 대한 답은 꽃과 나비처럼 서로 도우며 살아가는 「아름다운 공생」에서 찾을 수 있다.

햇볕 쏟아지는
아름다운 대지여!

검은 숲과 들녘은
사람을 품고
출렁이는 바다는
물고기를 품었네

드높이 떠보면
땅 위도 바다도
애탄개탄 국경 같은 건
뵈지도 않아

–「국경」 전문

드높은 곳에서 우리 인간이 사는 세상을 내려다보면 "햇볕 쏟아지는 대지"만 보일뿐, 평소에 그렇게도 중요하게 여겨지던 것들은 보이지 않는다. 숱한 생명을 앗아가는 피비린내 나는 전쟁과 아귀다툼과 증오, "애탄개탄 국경 같은 건 / 뵈지도 않"는 드높은 창공의 시점은 시인의 상상력에 의해서만 얻어질 수 있는 것이다.

우리 모두가 염원하는 평화와 통일의 실마리도 이런 드높은 창공의 시점을 통해서만 비로소 우리 손에 잡히는 것이 아닐까.

류근삼 시인의 뜨겁고, 힘차고, 거침없는 통일시와 날카롭고 직설적이며 해학적인 현실풍자시, 그리고 웅숭깊고 심원한 생태시들을 읽으며 나는 이런 다양한 시들을 관통하고 있는 시적 정서가 무엇인지 잠시 헤아려 보았다. 그리고 그 답을 시집 첫머리에 실린 이 시에서 찾아내었다. 그렇다. 팔순의 청년 류근삼 시인의 가슴 저린 어무이 사랑과 어린애처럼 해맑은 동심이 그의 모든 시들을 떠받치고 있는 거대한 암반이라고 나는 믿는다.

와룡산 기슭 고즈넉한 봉분
딸린 꼬부랭이 저것들 우짜꼬
섧은 울음도 뚝 그치셨다는
울어무이 무덤 가,
홀로 되시어 한 갑자를 조히 더 사시다가
새파란 낭군님 찾아오셔서
부끄럼 없이 누워계시네

스산한 솔바람 소리
이따금 부엉이 우는소리

푸른 달빛 아름으로 쏟아져내려도
어무이 무덤 속은
적요한 어둠뿐이리

문득, 무덤 두리에
자그마한 봉창 하나 있으면
유현한 달빛 스미리
무덤 봉창에 아침햇살 퍼지면
조용히 일어나 앉으셔서
따스히 해바라기하시리

–「자그마한 봉창」 전문

류근삼 시인의 시집 원고를 넘겨받은 두엄 출판사에서 한참 편집 작업을 하고 있던 지난 6월 20일 느닷없이 류 시인의 부음이 날아왔다. 다음 날 추도식에 참석한 민자통의 선후배들과 지역의 통일운동가들, 그리고 대경작가회의의 후배들은 모두들 류 선생의 영정 앞에서 눈물을 삼켰다. 류 선생의 시창작 공부를 이끌어준 배창환 시인과 류 시인을 문단에 등단시킨 계간 『사람의문학』 발행인 정대호 시인, 이 시집의 원고를 다듬고 정리해준 김윤현 시인, 류 시인이 이번 시집 출간을 맡긴 두엄출판사의 나문석 시인, 성주 소성리에서 치열하게 사드 반대 투쟁을 하고 있는 고희림 시인, 작가회의 사무국장 송광근 시인, 수필가 김인기 형, 현장 취재와 촬영으로 바쁜 문해청 시인 등이 고인과 얽힌 이런저런 사연들을 털어놓았다. 그리고 애당초 팔순 기념 시집으로 준비했던 이번 시집이 유고시집이 되어버렸다고 한탄했다. 이 자리에서 정대호 시인은 『사람의문학』 다음 호에 류시인의 추모 특집을 마련하겠다고 밝혔다.

추도식에서는 류 시인의 대표작으로 중학교 2학년 국어교과서에 수록되었던 시 「단풍」이 낭송되었다. 통일이 이루어지는 그날까지 영원한 청년 류근삼 시인은 저 세상에서도 우렁우렁한 목소리로 통일의 꿈을 노래하고 있을 것이다.

단풍

개마고원에 단풍 물들면
노고단에서도 함께 물든다
분계선 철조망
녹슬거나 말거나
삼천리 강산에 가을 물든다